Género Ficción realista

I0901321

Pregunta esencial
¿Qué haces en tu escuela?

Niños como yo

Mariana Vargas
ilustrado por René Moreno

Yo soy Ema.

Mañana voy a la escuela.

—Vamos a la escuela,
Ema —dice mamá.

En la clase veo más niños.

Ella es Momo.

Yo juego con Momo.

Ella es Ima.

Momo, Ima y yo vamos a jugar.

Él es Teo.

—Yo soy Ema —dice Ema.

—¿Puedo jugar? —dice Teo.

Yo juego con Momo,
Ima y Teo.

—Mamá, me gusta la escuela —dice Ema—. ¡Hay más niños como yo!

Respuesta a la lectura

Volver a contar

Vuelve a contar detalles de *Niños como yo* con tus propias palabras.

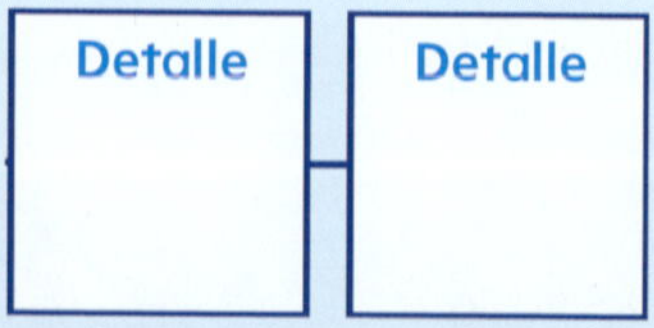

Evidencia en el texto

1. Mira la página 2. ¿Qué detalles te indican que Ema está contenta? **Detalles clave**
2. Mira la página 6. ¿Qué te indica que Momo es amable? **Detalles clave**
3. ¿Cómo sabes que *Niños como yo* es ficción realista? **Género**

SEÑALES

Jonathan Kim/Photodisc/Getty Images

Género **No ficción**

Compara los textos

Lee acerca de las señales en la escuela.

Dice por dónde salir.

Dice que hay una escuela.

Dice que no hay que correr.

¿Qué dice esta señal?

Haz conexiones

¿Cómo nos ayudan las señales y los amigos en la escuela? El texto y otros textos

Enfoque:

Estudios Sociales

Propósito Comprender cómo las reglas nos ayudan a jugar

Paso a paso

Paso 1 Trabaja con un compañero. Elige un juego que te guste jugar en la escuela.

Paso 2 Haz una tabla de reglas como esta.

Regla	Cómo nos ayuda a jugar

Paso 3 Escribe una regla del juego en la tabla. ¿Cómo te ayuda esa regla a jugar?